ISBN 3 7661 **5463** X
Alle Rechte vorbehalten
© C.C. Buchners Verlag, Bamberg 1990
Gesamtherstellung: Druckerei Bussard, 8601 Gundelsheim

Friedrich Maier

Quo vadis, Europa?

Mythos - Begriff - Idee

C. C. Buchners Verlag

Quo vadis, Europa?

Mythos — Begriff — Idee

Dagmar Nick: *Europa erinnert*

Wie saß ich doch
sicher
auf dem Stiernacken
meines Entführers,
Morgensand zwischen den Zehen,
als die Küste des Phönix,
meine Erbschaft, hinter mir
wegtauchte, wo jetzt,
was kümmerts mich noch,
die Voluten an den Säulen von Baalbek
erzittern,
Proben für Leichenspiele —

Damals spielten wir
mit anderem
als mit Theaterdonner
und Dynamit,
und der Gott, der mich
zwischen die Hörner nahm,
schien mir noch ganz
geheuer.

Dagmar Nick macht in ihrem Gedicht den Akt des Erinnerns an den beiden Endpunkten der Linie fest, die den Weg der ,,Europa auf dem Stier'' durch die Zeiten markiert. Damals: ,,sicher'', ,,Morgensand zwischen den Zehen'', ,,die Küste des Phönix'', ,,die Voluten der Säulen von Baalbek'' — heute, nach dem irreversiblen Abschied von dort: ,,Theaterdonner'', ,,Dynamit'', nicht mehr ,,ganz geheuer''. Und dazwischen? Jahre, Jahrhunderte, fast drei Jahrtausende, bewegte, folgenreiche, beschwerliche Geschichte, die an den beiden den Kontinent *Europa* symbolisierenden Figuren ihre Spuren hinterlassen hat.

Ein Beweis: Die Momentaufnahme einer politischen Karikatur[1] von 1985 zeigt ,,Europa auf dem Stier" in einer aktuellen europäischen Situation, gewiß in einem Zerrspiegel, aber doch ihr Schicksal schlagartig erhellend.

Die Bedrohung der Umwelt, im Waldsterben evident, verlangt nach *Europas* Länder übergreifenden Maßnahmen. *Europa* braucht *Europa*, um einer Gefahr zu begegnen. Der deutsche Katalysator-Rettungswagen ,,Rettet den Wald" kommt auf dem Weg nach *Europa* nicht voran, weil ihm *Europa*, eine alte, verknöcherte, trotz Hörrohr die Notsignale überhörende Dame — auf einem mißmutig dahintrottenden Ochsen sitzend — hinderlich ist. *Europa* ist da, lokal sozusagen, da man zu ihm fährt, aber funktional, als gemeinsam wirkende Kraft, ist es träge, senil, ohne Schwung.

Sinn und Funktion von *Europa* in diesem Bild sind dreifach: die Dame *Europa* auf dem Stier als mythische Figur, *Europa* als Kontinent, auf dem sich alles abspielt, und die Idee *Europa*, auf deren Verwirklichung man zusteuert. Wer die Pointe dieser Konstellation begreifen will, muß kulturhistorisches Wissen haben: er muß wissen, was die Elemente des Bildes meinen, vielleicht auch, wie es überhaupt zu so verschiedenen Sinnrichtungen des Wortes *Europa* gekommen ist. Ein Blick in die frühe Geschichte des Kontinents ist nötig. Wir blenden zurück an den Ursprung des Wortes und verfolgen den Weg des ungewöhnlichen Paares ,,Europa und der Stier" durch die Zeiten. Quo vadis, Europa?, diese Frage leitet uns dabei.

---

1 Entnommen aus: KEULEN, H.: Neues aus der Alten Welt. — Langenfeld 1986, 14: Karikatur von HORST HAITZINGER. In: Express vom 8.3.1985.

1. In der Antike

1.1 „Europa" als Königstochter und als Erdteil

Der römische Dichter Ovid hat um die Zeitenwende die Geschichte von „Europa und dem Stier" — eng angelehnt an den spätgriechischen Dichter Moschos — in eine amüsante Erzählform gebracht, die uns in den griechischen Mythos versetzt.[2] Die noch jungfräuliche phönikische Königstochter *Europa* hat durch ihre Schönheit den obersten Gott Jupiter auf sich aufmerksam gemacht, der prompt in Liebe zu ihr verfiel, sich in einen gleichfalls schönen Stier verwandelte und in verführerischer Annäherung inmitten der dem König gehörenden Herde das Mädchen auf seinen Rücken lockte und es über das weite Meer nach Kreta entführte. Die Weggetragene zittert, blickt zurück auf die verlassene Küste und hält sich mit der Rechten am Horn des Stiers fest, die andere Hand liegt auf dem Rücken; ihr Kleid bauscht sich im Winde. (Eine rotfigurige Vase aus dem 3. Jh.v.Chr. erfaßt genau diese locker anmutige Szene, mit der einen Ausnahme des Zurückblickens.)

---

2 Vgl. dazu bes. BÜHLER, W.: Europa — Ein Überblick über die Zeugnisse des Mythos in der antiken Literatur und Kunst. — München 1986, 9 ff., und denselben: Die Europa des Moschos. Text, Übersetzung und Kommentar. — Wiesbaden 1960.
Wichtig dazu: ROUGEMONT, D., de: Europa. Vom Mythos zur Wirklichkeit. — München 1962, 14, und „Jupiters Abenteuer in Texten der Antike". In: Die Verführung der Europa (hrsg. von MUNDT, B.). — Frankfurt/Berlin 1988, 29 ff.

Der Mythos, wie er hier dargestellt ist, zeigt die beiden Figuren ,,Europa und der Stier" in einer jugendlichen, frühlingshaften Atmosphäre, wo sich Gottheit, Natur und Mensch als ungebrochene Einheit darstellen. Das Mädchen zittert, als es von Zeus entführt wird; doch dieses Zittern ist eher ein schauerndes Erregtsein ob des Abenteuers. Furcht oder gar Bedrohung sind dem Urbild fern; die Alten spürten in der Beziehung zwischen den beiden etwas Heiter-Lüsternes, Erotisches, wie etwa die Zeichnung nach einem verlorenen pompejanischen Wandgemälde ,,Europa an den Stier geschmiegt" (1. Jh.n.Chr.) zeigt.[3]

Ovid ist für die Geschichte der *Europa* gleichsam der Angelpunkt; er hat um die Zeitenwende das aus der Frühzeit Überkommene zu einer Verwandlungsgeschichte in seinen 'Metamorphosen' so verarbeitet, daß davon, wie sich zeigen wird, unaufhörlich Anstöße zu neuen Gestaltungen ausgingen und ausgehen.

---

3 Entnommen aus BÜHLER: Europa, 83.

Der Prozeß der Verwandlungen hatte jedoch lange vor Ovid eingesetzt. Von Kreta aus, wo sie Zeus, als er sich ihr zu erkennen gegeben hatte, zwei Söhne gebar (Minos und Rhadamanthys), machte sich *Europa* in Verwandlung ihres Wesens auf den Weg in die Zukunft. Begeben wir uns nun an diesen Punkt!

Die erste Wandlung *Europas* war total, hart im echten Sinne des Wortes, da sie sich verhärtete, dabei sozusagen ihre Personalität aufgab. *Europa* wurde zu einem Erdteil.

Für den römischen Lexikographen Sext. Pompeius Festus[4] z.B. gilt es als eine in seiner Zeit (2. Jh.n.Chr.) gesicherte Erkenntnis, daß der dritte Erdteil *Europa* nach *Europa*, der Tochter des Agenor, benannt ist (*Europam tertiam orbis partem ab Europa Agenoris filia certum est appellari*).[5] Freilich stellt er neben die mythische Erklärung dieses Faktums noch zwei weitere: Die Königstochter sei auf einem Schiff mit dem Stierbild des Zeus als Schutzpatron (*Iovis tutela, effigies tauri*) geraubt oder der Raub der *Europa* sei gar von den Phönikern nur vorgetäuscht worden (*per simulationem raptae filiae*), um das schöne Land Kreta zu besetzen. Die Königstochter *Europa* hatte sich hier, wie zu sehen, in einen Täuschungsschemen, eine Art Fata Morgana verflüchtigt. Je mehr man den Vorgang der Namensgebung auf mögliche historische Ereignisse bezog, ihn also der mythischen 'Wahrheit' entzog, desto mehr verlor er seine ursprüngliche Bildhaftigkeit; er wurde rationalisiert. Die Geschichte von 'Europa auf dem Stier' durchlief offensichtlich den Weg vom Mythos zum Logos. Das, worauf der Name der phönikischen Frau übertragen wurde, trat in den Vordergrund, der Kontinent *Europa*. Die Erinnerung an die Person *Europa* verblaßte in diesem Zusammenhang. Die deutsche Sprache drückt diese Entpersonalisierung vom 'sie' zum 'es' treffend aus: *die Europa* wurde zu *das Europa*. Die Königstochter permutierte zu einem geographischen Begriff.

Wann war dies? Ab wann gab es dieses sächliche *Europa*? Und was bezeichnete es? Die Antworten auf diese Fragen helfen uns, den Weg, den Europa geht, von Anfang an auszuleuchten.[5a]

Erstmals begegnet *Europa* als geographischer Begriff im homerischen 'Hymnus an Apollo' (wohl 6. Jh.v.Chr.), dort neben der Insel des Pelops

---

[4] In seinem Werk: De significatione verborum quae supersunt cum Pauli epitome (hrsg. von WALLACE/LINDSAY). — Leipzig 1913, s.v. Europa.

[5] Zur Namensnennung wichtig ROUGEMONT, a. O., 35; hier ist auch auf die ersten Quellen (z. B. Hippias von Elis, 5. Jh. v. Chr.) hingewiesen.

[5a] Zur geographischen Verwendung des Begriffs s. PFLIGGERSDORFER, G.: Europa I. In: REAC, Bd. 6, Sp. 963-980.

und den Inseln des Meeres das Festland Griechenland von der Mitte nach Norden hin bis zum Bosporus bezeichnend. Man verband von da an mit *Europa* die Vorstellung eines Landes.[6]

„Hier, Telphusa, gedenk ich, den schönsten Tempel zu gründen,
Stätte der Weissagung werd er den Menschen, sie sollen mir allzeit
Hierher treiben vollendete Hekatomben, soviele
Heimat haben im fetten Gefilde der *Insel des Pelops,*
Alle auch in *Europa* und rund auf den *Inseln des Meeres.*
Fragen werden sie mich — und ich werde ehrlichen Ratschlags
Allen nach Recht und Fug orakeln im schatzreichen Tempel."
Phoibos Apollon sprachs . . .   (Hymnus an Apollo 247 ff.)

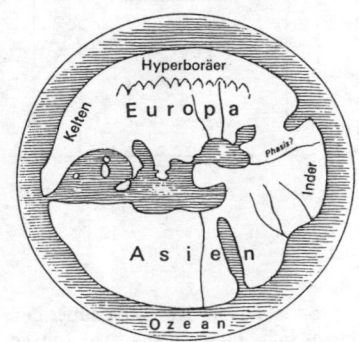

Wohl nicht viel später (Ende des 6. Jh.s) hat Hekataios von Milet, also in Ionien, die erste (uns erhaltene) Weltkarte des Abendlandes verfaßt, in der *Europa* die ganze nördliche Hälfte der damals bekannten Welt ausmachte, die man sich als Scheibe im Ozean liegend vorstellte, während die südliche Hälfte sich als Asien verstand.[7]

Die Wandlung, die hier *Europa* erfuhr, war eine mächtige quantitative Ausweitung, die auch ein Jahrhundert später den Vater der Geschichtsschreibung, Herodot, gleichfalls einen Ionier, nicht unbeeindruckt ließ. Er wundert sich über die Abgrenzung und Einteilung der Welt „in Libyen, Asien und Europa", weil er Europa als den an Länge und Breite längsten Erdteil ansieht, während Libyen (das spätere Afrika) nur ein Anhängsel an Europa darstelle. *Europa* ist dem Ionier ein unerforschtes, unbekanntes Gebiet; er mutmaßt seine Größe, allenfalls kennt er seine nordöstliche Grenze (Phasis oder Tanais).[8]

Ich wundere mich über die, die die Abgrenzung und Einteilung in Libyen, Asien und Europa vorgenommen haben. Die Abweichungen zwischen ihnen sind ganz beträchtlich; *an Länge übertrifft Europa die beiden anderen, an Breite aber können sich die beiden anderen überhaupt nicht mit Europa messen.* Libyen zeigt sich rings vom Meer umflossen außer an der Stelle, wo es mit Asien zusammenhängt . . .   (IV 42)

---

6   Vgl. dazu BÜHLER, Europa, 24, und FUHRMANN, M.: Zur Geschichte einer kulturellen und politischen Idee. — Konstanz 1986, 6.
7   Entnommen aus: Lexikon der alten Welt. — Zürich-Stuttgart 1965, 1498. Vgl. dazu auch ROUGEMONT, a. O., 35.
8   Übersetzung von FEIX, J.: München 1963 (Artemis).

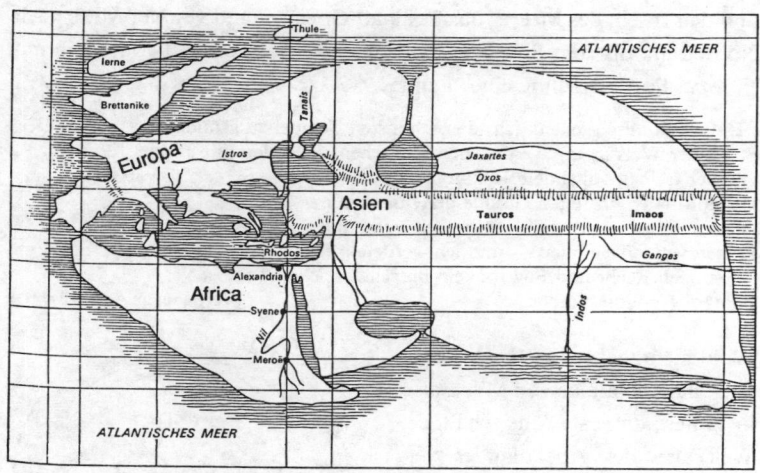

Die Oikumene nach Eratosthenes

... So ist das übrige Asien außer den östlichen Gebieten erforscht und bekannt, daß es sich ähnlich verhält wie Libyen. *Von Europa aber weiß offenbar niemand etwas Genaues, weder über den Osten noch über den Norden, ob es da vom Meer umgeben ist. Von seiner Länge wissen wir: Es übertrifft die beiden anderen Erdteile.*

(IV 44/45)

Sehr bald nach Herodot muß man freilich diese Begrenztheit der geographischen Weltsicht überwunden haben. Der wissenschaftliche Eros der Griechen entzündete sich ja am Anfang auch an der Frage, wo, zwischen welchen natürlichen Grenzen die Menschen wohnen. Wie uns die überlieferten Erdkarten der Ökumene nach Eratosthenes (3. Jh. v. Chr.) und Claudius Ptolemaios (2. Jh. n. Chr.) anzeigen,[9] wurden die Konturen der drei Erdteile immer profilierter, ihr Größenverhältnis immer mehr der Wirklichkeit angepaßt.

Im 5. Jh. n. Chr. verfaßte der Geograph Marcianus von Heraklea eine Erdbeschreibung,[10] in der er die drei Kontinente des gesamten Erdkreises *Asia, Africa, Europa* genau voneinander abgrenzt: *Europa* ist von *Africa* getrennt durch die Meerenge von Gades, von *Asia* durch den Fluß Tanais (heute: Don), der Bosporus galt seit jeher als die Grenze nach *Asien* im

---

9 Entnommen aus: Lexikon der alten Welt, a. O., 1498.
10 In seinem Werk: Periplus maris exteri 1, 4-6

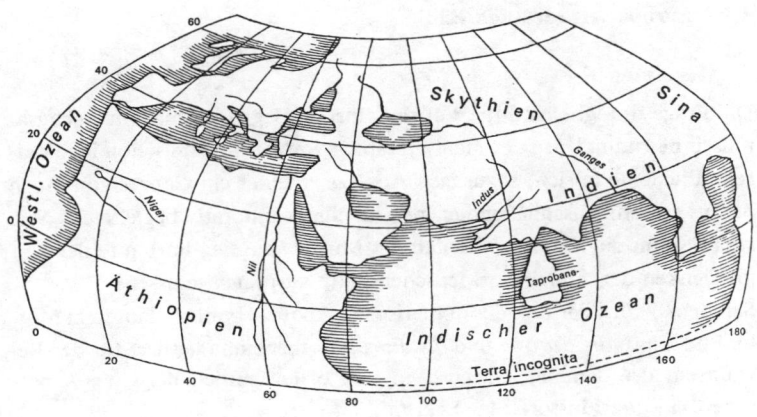

Die Oikumene nach Ptolemaios

Südosten. *Asien* sei an Größe der erste, *Africa* der zweite und *Europa* der letzte Erdteil: *Princeps inter has partes magnitudine est Asia, secunda Africa, postrema Europa.*

Die Erkenntnis und Bestimmung von *Europa*, wie sie hier am Ende der Antike festgelegt wurden, sollten von Dauer sein. *Europa*, der entpersonifizierte Teil der mythischen Figur, das „es", hatte wieder gewissermaßen stoffliche Gestalt bekommen. Diese räumliche Metamorphose war zu ihrem Endpunkt gelangt. Das *Europa* der Weltkarte lag fest, freilich noch mit vielen Leerstellen, im Norden, Nordwesten und Nordosten.

Sichern wir ein Zwischenergebnis:
Der Erdteil *Europa* hat von der mythischen Figur *Europa* in der Vorstellung der Antike den Namen bekommen; das Wort wurde, nachdem es anfangs nur einem kleinen Stück Land, nämlich Mittelgriechenland den Namen gab, in kürzester Zeit zur Bezeichnung des größten der drei bekannten Erdteile. Sehr bald jedoch erfaßt *Europa* den Raum, der diesen Namen auf Dauer tragen sollte; die Erdkarten zeigen allmählich für *Europa* die Konturen, die es in etwa auch heute hat.

1.2 'Europa' als Idee und Bild

Die Frage drängt sich auf: War der Europa-Begriff damals nur geographisch bestimmt? Trug er nicht inhaltlich von Anfang an schon ideologische Elemente in sich, sozusagen Ansätze zu einer ein Ganzes von innen heraus zusammenschließenden Idee, die ihn konnotativ begleiteten? Wie stand es um die Mitgift vonseiten der Mutter, die sich im Laufe der Zeit im Denken der damaligen Menschen hätte ausprägen müssen?
Seit dem 6. Jh., der Zeit des homerischen Apollo-Hymnus, laufen ja Mutter und Kind, *die Europa* und *das Europa* nebeneinander her; für das Bewußtsein der damaligen Menschen war offensichtlich diese Verwandtschaft ein quasi historisches Faktum.
Man darf annehmen, daß dem Wort *Europa* die Herkunftsgeschichte anhaftete;[11] sein Sinnbezirk war von daher mitbestimmt: *Europa* ist ein Wort aus dem Osten; es kommt aus einem außerhalb des später *Europa* genannten Teil der Welt, von dort, wo die Kultur der Menschen einen der ersten Höhepunkte erreichte, der über diesen Raum hinauswirkte, nach der Richtung hin, wo die Sonne alltäglich im Dunkeln versank. 'Ereb', ein hebräisches Wort, das den 'Sonnenuntergang, Abend' bezeichnet, kann, wiewohl dies heute — freilich ohne bessere Alternative — bezweifelt wird, dem Begriff *Europa* zugrundeliegen. Phönikien, dieses Kulturland, das in der Gestalt seiner Königstochter nach dem Westen ausgriff, inaugurierte am südöstlichen Punkt des späteren Erdkreises eben dieses *Europa*, wo dann das dortige Kreta ebenfalls zu einer Kulturhöhe geführt wurde, zur minoischen Kultur.[12] Von da verschob sich die Kulmination von Geist und Kunst weiter nach Norden und Westen auf eben das Festland, das als erstes, wie wir erfahren haben, tatsächlich den Namen *Europa* trug. Wenn man — aus späterer Sicht — Kreta als die „Wiege Europas" bezeichnete, darf dann nicht Griechenland als Europas erste Heimat gelten, zumal in ihm die gleichfalls von den Phönikern ererbte Schrift-

---

11 Vgl. dazu: FISCHER, J.: Oriens - Occidens - Europa: Begriff und Gedanke. 'Europa' in der späten Antike und im frühen Mittelalter. — Wiesbaden 1957, 5 ff., und BÜHLER, Europa, 24 f. Ausführlich ROUGEMONT, a. O., 30 ff.
12 „Von Asien her kam Europa zu uns ... Einmal der Mittelmeerwelt angepaßt, wandert der Mythos Europa herüber nach Kreta. Dort wird er zum Symbol einer ganzen Kultur, die vermittelnd zwischen Griechenland und Asien tritt." So GONZAGUE DE REYNOLD, La formation de l'Europe. — Paris 1937 (zitiert bei ROUGEMONT, a. O., 24).

kultur eine bis dahin nicht bekannte und für die Zukunft bahnbrechende Höhe erreichte? Trägt von da der *Europa* genannte Teil der westlichen Welt, der aus dem Osten sozusagen das Licht empfangen hat, nicht den Stempel einer eigenständigen Kultur-Gemeinschaft an sich? Auf solche Fragen kann nur die erhaltene Literatur Antwort geben, zuallererst Herodot, der Historiker. Seine Antwort ist denkwürdig. Zunächst ist festzustellen: ,,Europa steht bei Herodot stets in Antithese zu Asien".[13] Ἀσία und Εὐρώπη zeigen sich als zwei geographische Bereiche, über die zu herrschen Weltherrschaft bedeutet. In einem Traumbild des Kyros (I 209) erscheint dessen zweiter Nachfolger Dareios mit Flügeln ausgestattet, von denen der eine *Asien*, der andere *Europa* beschattet, was auf den späteren Eroberungskrieg der Perser gegen Griechenland hindeutet. Dieses Land im Westen wird von Persien aus geradezu, da man andere Völker dort kaum kannte, mit *Europa* gleichgesetzt. Mardonios, ein persischer General, überredete den Großkönig Xerxes, gegen Athen zu marschieren, auch mit der Begründung, *Europa* sei ein schönes und fruchtbares Land, das nur der Großkönig zu besitzen verdiene (VII 5 und 9). *Europa* — gewissermaßen Objekt des Besitzstrebens des Perserkönigs.

Die erste Konfrontation von Ost und West wird also als Kampf zwischen *Asien* und *Europa* gesehen, wobei der Grund dafür bei Herodot bemerkenswerterweise mit dem Schicksal der mythischen *Europa* in Verbindung gebracht wird (I 1-6); diese sei von den Griechen aus Rache, weil man ihnen die Königstochter Io geraubt hatte, aus Phönikien entführt worden — ein Streit, der über Paris und Helena bis zum Trojanischen Krieg eskalierte, seit welchem sich dann die *Asiaten* und *Europäer* fremd gegenüberstünden. Diese Fremdheit wird nun nicht nur in den verschiedenen politischen Systemen gesehen, sondern gewiß auch in einer geistig-kulturellen Konstellation, was indirekt zu erschließen ist: Wenn von den Persern *Europa* und *Griechenland* an der Schnittstelle Ost-West, nämlich vom Hellespont aus betrachtet, identisch gesetzt werden, dann trifft die Charakterisierung *Griechenlands*, die der Grieche Demaratos dem persischen Großkönig Xerxes gab, als dieser, wie es hier wörtlich heißt, auf seinem Feldzug ,,nach Europa hinübergekommen war" (VII 56), mehr oder weniger auch auf den dortigen Erdteil zu. Was sagt dieser

---

13 So FUHRMANN, a. O., 20; auf die hier aus Herodot angeführten Stellen ist von FUHRMANN verwiesen, mit Ausnahme der Demaratos-Rede: VII 56 und 102-104.

Demaratos dem Xerxes? Im Gegensatz zum Zwang durch die Peitsche bei den Persern sei dieses *Griechenland-Europa* von einer an das Gesetz gebundenen Freiheit ἐλευϑερία , VII 102) und von Vernunft und Weisheit (σοφία VII 102,1) bestimmt.[14] An *Europa* als geographischen Begriff binden sich hier womöglich von Anfang an schon Bedeutungselemente, die Politisches und Kulturelles meinen.[15]

Vom Osten her, von außen also, stellt sich bei Herodot dieses — sagen wir: griechische — *Europa* als ein politischer Raum dar, der von geordneter Freiheit und von Kultur erfüllt ist; so gesehen könnte Griechenland also tatsächlich als erste Heimat eines politisch-kulturell bestimmten *Europas* erscheinen.[16] Es fällt jedoch auf, daß der kleinasiatische Grieche Herodot die Antithese *Asien — Europa* nur Vertretern des Ostens (vor allem Persiens) in den Mund legt, während die Griechen selbst nur den Gegensatz zwischen 'Hellenen' und 'Barbaren' kennen, da sie sich ringsum (also auch im Westen) von für sie unverständlich sprechenden Fremden (βάρβαροι) umgeben glaubten.[17]

Die im Mutterland lebenden Griechen erklären sich, wie es scheint, nicht prononciert als in *Europa* lebend. War also *Europa* damals kein identitätsstiftender Begriff, der den Menschen vielleicht sogar eine emotionale Bindung gab? So viel läßt sich sagen: Die Griechen verteidigten nicht vorrangig den Kontinent *Europa* gegen die persische Despotie; man fühlte sich nicht als Europäer, zumindest weist kaum etwas in der erhaltenen Literatur darauf hin, weder zur Zeit Herodots noch später.[18]

---

14 Vgl. dazu VERFASSER: Der σοφός -Begriff. Zur Bedeutung, Wertung und Rolle des Begriffs von Homer bis Euripides. — München 1970, 168 ff.
15 Ein Nachhall der bei Herodot faßbaren Assoziation Griechenland-Europa-Freiheit ist zu spüren bei Cornelius Nepos, Vita Themistoclis, 6, 9: Durch die Klugheit eines Mannes sei es gekommen, daß Griechenland befreit, dem Europa Asien unterlegen ist (*Graecia liberata est Europaeque succubuit Asia*).
16 Daraus leitet FUHRMANN (a. O., 20) ab, daß Europa seit jeher ,,vor allem eine politisch-kulturelle Kategorie gewesen ist''.
17 ,,Die Griechen bedienten sich des Begriffspaares Hellenen - Barbaren, wenn sie das eigene Volk von fremden, zumal orientalischen Völkern abgrenzen wollten; die politische Verwendung geographischer Namen lag ihnen fern.'' So FUHRMANN, a. O., 20, der freilich nicht die Folgerung zieht, daß eben die Griechen dann nicht in *Europa* eine politische, identitätsstiftende Idee erkennen konnten. *Europa* blieb für sie letztlich ein nur geographischer Begriff mit einem politisch-kulturellen Potential, das der Entfaltung harrte. Vgl. auch PFLIGGERSDORFER, REAC, Sp. 972.
18 Darüber gibt Auskunft: MOMIGLIANO, A.: Europa als politischer Begriff bei Isokrates und den Isokrateern. In: SECK, F. (Hrsg.): Isokrates. — Darmstadt (WdF) 1978, 128-138 (hier weitere Literatur).

Zwar ist beim griechischen Redner Isokrates im 4. Jh. v. Chr. ,,die Identifizierung Europas mit Griechenland" in der politischen und wirtschaftlichen (!) Rivalität mit Persien etwas aufgegeben, insofern in seiner Sicht Philipp, der Vater Alexanders des Großen, das ,,europäische Interessengebiet" ein Stück über Griechenland hinaus, nämlich unter Einschluß Makedoniens, gegen die 'Barbaren' Asiens vertritt; zwar sieht der Isokrates-Schüler und Historiker Theopomp in Philipps Bestreben, dem mächtigen Perserreich einen ebenso mächtigen europäischen Block entgegenzustellen (,,die mächtigste Monarchie Europas"), die Tendenz zur ,,Entwicklung eines europäischen Programms" (,,die Idee der Schaffung eines starken europäischen Staates"); aber all diese Ansätze blieben eher theoretisch; sie hatten offensichtlich keine realpolitischen Folgen. Die Richtung dazu, Träger einer umfassenden Idee zu sein, war zwar potentiell im Begriff *Europa* angelegt, aber im allgemeinen Bewußtsein, so scheint es, umfaßte *Europa* damals keinen politischen und kulturellen Raum, der Identifikation evozierte. Für die Insider blieb *Europa* — trotz der am Begriff zweifellos wirksamen Ursprungs-Assoziationen, trotz gewisser sich daran entzündender politischer Ambitionen — letztlich doch nur ein geographischer Name, ohne stärkere Ideenkraft, die etwa zur Vereinigung der in dem von ihm erfaßten Raum lebenden Nationen hätte drängen können.[19]

Solche Kraft erhielt später eher die Idee des Imperium Romanum, das asiatische, afrikanische und europäische Völker umfaßte, die am Mittelmeer wohnten, dem *mare nostrum*, wie es damals auch hieß,[20] wobei hier der Stimulus zu einer gefühlsmäßigen Bindung zu spüren ist. Wie es ein *mare nostrum* (,,unser Meer") gab, so konnte es gewiß auch ein *imperium Romanum* geben, dem man sich emotional zugehörig fühlte, vielleicht auch ein *imperium nostrum*.[21] Eine Verbindung *Europa nostra* wäre in der Antike undenkbar gewesen.

---

19 Vgl. dazu ROUGEMONT, a. O., 43: ,,Von dem Bewußtsein einer europäischen Einheit auf historisch-politischer Basis, das heißt einer Schicksalsgemeinschaft der Völker, die den Kontinent bewohnen, wie Herodot und Strabon sie bereits skizziert hatten, ist in den Texten und Geschehnissen aus jener früheren Zeit wenig zu finden."
20 Vgl. dazu FISCHER, a. O., 24. S. aber PFLIGGERSDORFER, REAC, Sp. 974.
21 Vgl. dazu SUERBAUM, W.: Vom antiken zum frühmittelalterlichen Staatsbegriff. — Münster 1970, jeweils zum imperium Romanum; imperium nostrum ist allerdings erst später als Bezeichnung für das Gotenreich belegt (s. 260 f.); vgl. ebenso FISCHER, a. O., 28: ,,Für uns ist wesentlich, daß in diesen Formulierungen 'imperium' den Begriff abgibt, der in den Teilen den Anteil des Ganzen wahrt."

Gewiß wurden in der Antike auf das *Europa* hin geschichtliche Fakten gesetzt; so verschob sich mit Caesars Gallien-Eroberung das Fadenkreuz in der Vorstellung dessen, was *Europa* ist, weiter nach Norden; dadurch ist die Vereinigung der Mittelmeer-Welt mit dem Kontinent eingeleitet worden, so daß Hegel und Ranke darin sogar die Geburtsstunde *Europas*, wie wir es heute kennen, sehen konnten:[22] *Europa* blieb trotz allem auch da nur eine geographische Größe. *Europa* gab bis zum Ende der Antike, da es weder von außen noch von innen als geistig-kulturelle Einheit empfunden wurde, keine politischen Impulse.[23] Auch im allmählich einsetzenden christlichen Gebrauch des Wortes bei den Kirchenvätern erhielt *Europa* keine über das Geographische hinausgehende Dimension; in der christlichen Literatur bewegte sich das Denken in der Polarität von Orient und Okzident, zu dem der Begriff *Europa* erst allmählich in ein wechselvolles Verhältnis gebracht wird. Die Bibel z.B. kennt das Wort *Europa* überhaupt nicht.[24]

Welche Geltung aber beließ der materialiter mächtig wachsende Sprößling *Europa* seiner quasi-Mutter, von der er sich entbunden hat? War der ,,Europa auf dem Stier'' der Stoff zu eigener Existenz entzogen? Sicher, die mythische *Europa* als Frau und Mutter von Minos und Rhadamanthys hatte kein weiteres Schicksal. ,,Die 'Geschichte' der Europa ist bereits mit der Geburt der Söhne zu Ende''.[25] Nicht zu Ende war ihr zum Bild verfestigtes Jugendabenteuer, ihre durch die Begegnung mit Zeus ins Religiöse erhöhte Existenz, deretwegen sie in Kreta und weithin verehrt wurde. Aus dem unaufhellbaren Dunkel der vorhomerischen Zeit kommend, war der Europa-Mythos ja bereits dem Ilias-Dichter und dann Hesiod (im 8./7. Jh.) und den griechischen Tragikern bekannt, er blieb in Literatur und bildender Kunst von der Frühzeit bis in die Spätantike präsent, als außerordentlich beliebter künstlerischer Vorwurf (von den Münzen abgesehen, gibt es z.B. über 150 archäologische Zeugnisse). Moschos und in seiner Nachfolge noch mehr Ovid gaben, wie wir gehört haben, der Erzählung 'Europa und der Stier' die Gestalt, die ihr das Über-

---

22 S. dazu ROUGEMONT, a. O., 13.
23 FISCHER (a. O., 39) konstatiert eine ,,Armut'' des Begriffes Europa bis zum Ende der Antike. ,,Die Terminologie des Imperiums erdrückt die Titulatur Europa.''
24 Vgl. dazu FISCHER, a. O., passim, bes. 30 ff. In der 'Apostelgeschichte' (16, 9-10) ist dort, wo Paulus im Traum aufgefordert wird, von Asien in den Westen zu gehen, nicht von *Europa*, sondern von *Makedonien* die Rede.
25 So BÜHLER, a. O., 23.

dauern sichern sollte.[26] Das Sinngefüge der Geschichte und seine Deutung unterlagen jedoch schon früh der Veränderung. War z.B. für Ovid der Mythos nur noch ein schöner Gegenstand, mit dem er, spielerisch umgehend, den Lesern Unterhaltung bieten wollte (Stichwort: sex and crime[26a]), nicht mehr jedoch religiöse Erbauung wie früher, so entgöttlichten spätere Autoren — auch christliche Autoren — die Geschichte mehr und mehr, aus Kritik und in rationalistischer Umdeutung. Der Europa-Mythos verfiel wie alle antiken Mythen dem allgemeinen ,,Prozeß der Verwilderung''.[27]

Sichern wir ein weiteres Zwischenergebnis:
Der Begriff *Europa* läßt von Anfang an eine Dimension von Bedeutungen erkennen, die Politisches (vielleicht auch Wirtschaftliches) und Kulturelles meinen. Allerdings entfaltet sich dieses gewissermaßen genetische Potential in der Antike nicht. *Europa* bleibt vorrangig ein geographischer Begriff; er stellt zu keiner Zeit eine tragende Idee dar, von der ein wirkungsvoller Impuls zu einer Einigung ausgegangen wäre. Die Geschichte der *Europa*, dem der Erdteil die Bedeutungsmitgift zu verdanken hat, besteht daneben in Literatur und Kunst weiter.
Allerdings zogen *die Europa* als die von Zeus verführte Königstochter und *das Europa* als das sich mehr und mehr klärende Schema eines Erdteils fast völlig getrennt, d.h. ohne sich ihrer Verwandtschaft bewußt zu sein, nebeneinander durch die antike Geschichte, die eine am Ende zu einem toten Bildungsgut erstarrend, das andere zu einer bloßen geographischen Bezeichnung verdorrend. Die Vorstellungsbereiche der beiden liegen offensichtlich weit auseinander: die 'Europa auf dem Stier' wies im allgemeinen Bewußtsein der Menschen nirgends zeichenhaft andeutend auf den Erdteil hin, der 'Erdteil Europa' gab nirgends einen diesem Paar 'Zeus und Europa' gehörenden Raum des Wirkens und der Verehrung ab. So verwendet tauchten beide *Europae* in die Wogen der Völkerwanderung. Wie verändert traten sie danach in Erscheinung?

---

26 Dazu BÜHLER, a. O., 22 ff.
26a Vgl. dazu HOLZBERG, N.: Einführung. In: Ovid. Metamorphosen. — München/Zürich 1988, 723 f., 726 f.
27 BÜHLER, a. O., 33.

2. Vom Mittelalter bis heute

Als die Brandung der Völkerwanderung abebbte, sozusagen das Gestein des Kontinents blank gewaschen hatte, war der Begriff *Europa* dafür wieder oder noch da. Auch das Bild der mythischen *Europa* hatte überlebt. Allerdings war die wechselvolle Geschichte nicht spurlos an ihnen vorübergegangen. Betrachten wir zunächst den geographischen Begriff!

2.1 Vom geographischen Namen zum politischen Begriff

Europa bezeichnet weiter den schon in der Antike damit umgriffenen Erdteil. Es zeigte sich freilich bald eine merkwürdige, durch die vorausgegangenen Ereignisse bedingte Verschiebung. *Europa* meinte nun vorrangig den Norden der westlichen Welt. Zudem wurde dieser Teil der Welt als der Raum empfunden, der von der Völkerwanderung am meisten heimgesucht wurde. ,,Nur Europa leidet, nicht Asien und Afrika.''[28] Europa begriff sich von da an als eine ,,Leidensgemeinschaft'',[29] die sich als autonome Größe aus der geographischen Dreiheit löste und ihr eigenes Profil gewann,[30] zumal die einsetzende Christianisierung gerade diesen Erdteil mit einer herausragenden Zahl von Heiligen auszeichnete.[31] Das Zentrum dieses sich so profilierenden christlichen *Europas* rückte vom Mittelmeer weg in die nordalpinen Regionen, wo sich im fränkischen Reich ein eigenständiger geistig-kultureller Höhepunkt ausprägte, der dem Europa-Begriff eine neue inhaltliche Tiefe gab. Das Schicksal stellte nämlich das Frankenreich vor eine politische Aufgabe, die zu erfüllen ihm offensichtlich nur durch eine bislang unbekannte Funktionalisierung dessen gelang, was *Europa* bedeutete. Als Karl Martell 732 die Araber bei Tours und Poitier schlug, wurde das auch als Sieg *Europas* über die Feinde des Christentums verstanden. *Europaeenses — in suas se laeti recipiunt patrias* (so ein Anonymus von Cordoba). Erstmals scheint hier der Begriff *Europaeenses*, 'Europäer', Träger einer eine Völkergruppe

---

28 So Fischer, a. O., 43.
29 Vgl. dazu Fuhrmann, a. O., 9.
30 Vgl. dazu Fischer, a. O., 43 f.: ,,Europa war autonom auf den Plan getreten.''
31 Vgl. auch Fischer, a. O., 48 f. Vgl. auch Fuhrmann, a. O., 9: ,,Europa als Resonanzboden asketischer Weltentsagung''.

(*patriae*) vereinigenden Idee geworden zu sein.[32] In dieser Idee der Verteidigung eines geistig-kulturellen Bestandes, der vor allem christlich-religiös geprägt war, erhielt das Wort eine politisch-christliche Dimension. Dieses *Europa* dachte man sich nördlich der Alpen gelegen, unter Verengung der geographischen Vorstellung — mit der Folge, daß man in der damaligen Literatur zwei Anwendungsbereiche für das Wort *Europa* kannte: als umfassenden, seit der Antike gültigen geographischen Begriff und in verengter Fassung als politischen Begriff, der den karolingischen Herrschaftsbereich meinte. Die letztere Vorstellung von *Europa* als einem geistig-kulturell geprägten Herrschaftsraum, die jene seit den Griechen im Begriff angelegte ideelle Substanz erstmals sehr viel realistischer als damals zur Entfaltung brachte, kulminierte in der geschichtlichen Leistung Karls des Großen.[33] *Europa* und Karl der Große zusammen bildeten eine einmalige geschichtliche Konstellation, da sich gerade dieser Herrscher berufen und sanktioniert fühlte, die europäische Einheit als Raum der Christenheit gegen Feinde nah und fern (Sachsen, Awaren und Hunnen) zu verteidigen. In der ,,Religiosität des Karlsreiches'' erhielt der politische Europa-Begriff geradezu eine religiöse Weihe. *Europa* wurde ,,Name jener einen irdischen civitas Dei, deren Haupt Karl der Große''[34] geworden war. Man schrieb vom *regnum Europae* und meinte das Reich Karls des Großen.

Dieses ,,Reich Europa'', unter dem Kirche und Staat zusammengefaßt waren, scheint damals zu einem stehenden Ausdruck geworden zu sein. Der angelsächsische Priester Cathwulf z.B. gratulierte 775 Karl zu seinem Sieg über die Langobarden, nicht ohne mahnenden Appell, er solle ja Tag und Nacht Ruhm und Dank Gott dem König der Königreiche zukommen lassen, weil dieser ihn zur Ehre des Ruhms des Reiches *Europa* erhoben hat (*quod te exaltavit in honorem gloriae regni Europae*).[35] Da das *imperium* von Gott dem Kaiser gegeben ist, gründet *Europa* als das Land,

---

32 FISCHER, a. O., 51: ,,'Europaeenses' meint . . . eine zeitweilige kriegerische Schicksalsgemeinschaft gegenüber den Arabern; 'Europaeenses' ist ein von den Ereignissen erzwungener Oberbegriff für die Völker nördlich der Pyrenäen.''
33 Es handelt sich nunmehr ,,um einen autonomen, an geistigen Fähigkeiten reichen Lebensraum''. So ROUGEMONT, a. O., 47.
34 So FISCHER, a. O., 77.
35 Vgl. dazu vor allem FISCHER, a. O., 79.

welches das Imperium des Glaubens trägt, auf der persönlichen religiösen Legitimation des Kaisers. Dieses *Europa* erhielt die Rechtfertigung von Gott, mit allen Konsequenzen.[36] So sehr der Europa-Begriff hier erstmals „zu seiner mächtigsten Bedeutung"[37] gekommen ist, zu „einer wahrhaft europäischen Idee"[38] geworden ist, so wenig dauerhaft war diese seine Rolle. Sie war mit Karls Tod praktisch zu Ende; der Zerfall des Reiches manifestierte sich auch im Begriff: Aus *regnum Europae* wurden *regna Europae*.[39] Zudem: Die Einheit stiftende Idee löste sich vom Begriff *Europa*, insofern man wieder allein in der *christianitas* das verbindende Ziel erkannte,[40] auf das hin sich die Völker in dem geographisch weiter gefaßten Europa und darüber hinaus orientierten. Später sprach man allenfalls noch in historischer Rückerinnerung von Karl als dem *rex, pater Europae*, dem Begriff sogar eine emotionale Bedeutung gebend, aber der aktuelle Sinn des Europa-Begriffes kehrte fast völlig wieder zum Geographischen zurück.[41] Der fränkische Europa-Begriff zeigte sich „heruntergekommen", entleert, verdorrt, deshalb nicht imstande, der wiederentstehenden alten Terminologie des Römischen Reiches (Imperium — Orient — Okzident) zu widerstehen, zumal die Päpste damals noch nie mit *Europa* etwas im Sinne hatten.[42]

Der Gipfel, den der politische Europa-Begriff zunächst infolge des Verteidigungssinnes von Völkern und dann infolge kaiserlich-religiöser Legitimation erklommen hatte, stand für lange Zeit allein. Erst Jahrhunderte später ergab sich eine ähnliche weltgeschichtliche Konstellation, die den Verteidigungswillen der im geographischen Raum *Europas* ansässigen Völker mobilisierte und dabei mit Notwendigkeit den Europa-Begriff wieder zu neuer Höhe emporwachsen ließ.

Und diesmal war ein Papst mit im Spiel, in denkwürdiger Weise. Als die Türken 1453 Konstantinopel erobert hatten, war dies ein Fanal der Bedrohung der westlichen Welt und der ganzen Christenheit. Der Bosporus, jene seit frühester Zeit anerkannte Schnittstelle zwischen Ost und West,

---

36 FUHRMANN (a. O., 10) spricht von einer „karolingischen Europa-Idee — einer Idee, die Staat und Kirche umfaßte, die den Staat in den Dienst der Kirche oder richtiger Heilslehre stellte, die alle im Reiche Karls des Großen lebenden Völker dem einen Prinzip totaler Christlichkeit unterwarf."
37 FISCHER, a. O., 79.
38 Vgl. FISCHER, a. O., 89 ff.
39 So ROUGEMONT, a. O., 47.
40 Dazu FUHRMANN, a. O., 12.
41 Vgl. FISCHER, a. O., 90 f.
42 „Der Europa-Begriff muß den Päpsten fremd bleiben." So FISCHER, a. O., 92.

wurde zur europäischen Schicksalsgrenze. Enea Silvio Piccolomini, der spätere Papst Pius II., stellte sich am Frankfurter Türkentag 1454 der Herausforderung dieser Gefahr in einer historischen Rede, deren Schluß den Europa-Begriff[43] in einer bislang noch nie so pointierten Formulierung und Funktion zeigt.

Die Eroberung der Stadt am Bosporus habe für die Christen ein Unheil schlimmsten Ausmaßes gebracht; früher habe die Christengemeinschaft (*Christiana societas*) zwar auch Schmach und Schande erfahren müssen, aber nie so wie jetzt; denn damals sei dies in fremden Ländern, in Asien und Afrika, passiert. ,,Jetzt jedoch sind wir in Europa, d.h. im eigenen Haus, an unserem Wohnsitz erschüttert und geschlagen worden (*nunc vero in Europa, id est in patria, in domo propria, in sede nostra percussi caesique sumus*). Diese Begriffsverbindung ist sensationell.[44] *Europa* erscheint als Bereich, der — emphatisch sich steigernd — mit 'Vaterland', 'eigenem Haus', 'unser Wohnsitz' gleichgesetzt wird. Der Begriff erhält hier eine emotionale Atmosphäre wie noch nie: *patria, propria domus, nostra sedes* evozieren Bilder von anheimelnder Zusammengehörigkeit, sie stoßen zugleich zu Identifikation an. *Europa* wurde hier nicht an eine Herrscherfigur gebunden, von deren Leistung es seine Legitimation und Weihe bekam. Es umschließt den Raum aller im Christenglauben lebenden Menschen, deretwegen er zu verteidigen war.[45] Der Europa-Begriff war im christlichen Sinne sozialisiert; so stiftete er Identität. Das Wort, das hier wieder eine neue Weihe bekam, hatte sicherlich noch lokalen Bezug, sich beziehend auf den Erdteil bis an seine weitesten Grenzen. Doch ist der Zug zum Ideellen unverkennbar. *Europa* sollte hier auch und vorrangig als geistig-religiös-politische Einheit verstanden werden, wobei dem Begriff eine weitere substantielle Bedeutung zugewiesen wurde. Wenn Piccolomini nämlich den Verlust von Konstantinopel als dem Sitz

---

43 Piccolomini hat auch eine zweibändige Kosmographie angelegt, über Asien und Europa. Vgl. dazu FOERSTER, R. H.: Europa. Geschichte einer politischen Idee. — München 1967, 83: ,,Damit wird 'Europa' zum ersten Mal mit Inhalten gefüllt." ,,Vor allem aber führte Enea das Wort 'Europa' wieder ein, wie schon der Titel des Buches sagt. Aus der Antike, aus der griechischen Sage und wohl auch aus Herodot holte er das Wort wieder hervor und gab ihm einen neuen Sinn. Sprach man bisher ausnahmslos von den 'christlichen Völkern' oder schlicht von der 'Christenheit', wenn man die Menschen dieses Erdteils meinte, so bürgerte sich durch Enea Silvio von nun an die Bezeichnung 'europäische Völker' ein."
44 ,,Wie neu dieser Anspruch war, läßt sich von unserem heutigen Denken aus kaum ermessen, und er fand entsprechendes Echo." So FOERSTER, a. O., 87.
45 Vgl. dazu FUHRMANN, a. O., 16.

der von den Alten überkommenen Wissenschaften und Künste höher einstufte als den aller anderen unter den Angriffen der Türken, Tartaren und Sarazenen gefallenen Städte, wenn er durch die Vernichtung Griechenlands die Fundamente der an griechischer und lateinischer Gelehrsamkeit orientierten westlichen Kultur erschüttert glaubte, dann gewann die Europa-Idee hier erstmals in ihrer Geschichte von ihren Wurzeln her eine neue Kraft und neue Dimension. Im Text heißt es prononciert:

,,Welcher Verlust nun nach der schändlichen Vernichtung Griechenlands die Wissenschaft getroffen hat, könnt ihr alle feststellen, die ihr wohl wißt, daß die ganze lateinische Gelehrsamkeit aus den Quellen der Griechen gespeist wurde.''
(*Nunc contrita deletaque Graecia quanta sit facta litterarum iactura, cuncti cognoscitis, qui Latinorum omnem doctrinam ex Graecorum fontibus derivatam non ignoratis.*)

Es springt ins Auge: Das Schicksal Griechenlands erscheint wiederum wie in der Antike — jetzt allerdings in sehr viel umfassenderen Perspektiven und emotional tiefgreifender — mit dem *Europas* verbunden. Das von Anfang an vorhandene Potential hatte sich aktiviert; das Bewußtsein von einem christlich-humanistischen *Europa* war geweckt; dieses entwickelte fortan eine neue Dynamik.[46]

Kaum zehn Jahre später (1462) ergab sich am Hof des böhmischen Königs Georg von Poděbrad, eines Hussiten, eine erste Konsequenz; denn dieser wollte alle christlichen Fürsten *Europas* in einem Friedensbereich vereinigen, um den als ,,europäische Angelegenheit''[47] betrachteten Türkenkrieg mit gesammelten Kräften erfolgreich zu Ende zu führen. Dieser Poděbrad entwickelte den ersten Förderationsplan,[48] der als ,,Meilenstein der europäischen Geschichte''[49] zu betrachten ist und in dem sich ''flüchtige Spuren eines werdenden Völkerrechts''[50] zeigten; der hier vorliegende Entwurf eines Bündnisvertrages (mit der Absicht einer Bundesversammlung in Basel: *generale Consistorium in civitate Basileensi*) scheiterte aber an der Realität, zumal der Hussit handfeste Hintergedanken mit seinem Plan verband: er wollte dem mit ihm im Glaubenskampf ste-

---

46 ,,Beachten wir den Dreiklang: Griechenland, Italien und Christenheit, mit dem er Europa umreißt. Es ist wohl die früheste Aufzeichnung der heutigen Begriffsbestimmungen für die Quellen unserer gemeinsamen Kultur: Athen — Rom — Jerusalem, wie sie von Paul Valéry im 20. Jahrhundert eingeführt wurde.'' So ROUGEMONT, a. O., 71.
47 So SCHWITZKY, E.: Der europäische Fürstenbund Georgs von Poděbrad. — Diss. Leipzig 1907, 6.
48 Vgl. dazu bes. FOERSTER, a. O., 88.
49 So ROUGEMONT, a. O., 63.
50 SCHWITZKY, a. O., 6.

henden Papst — pikanterweise eben diesem Pius II., vormals Enea Piccolomini, dem Vorkämpfer des modernen *Europa* — eine geschlossene weltliche Macht auf dem Kontinent entgegenstellen. Die Europa-Idee — eine völlig neue Wende — wurde hier zum Instrument politischen Eigensinns innerhalb *Europas*; sie sah sich in den Dienst der beginnenden Säkularisierung gestellt.[51]

Fassen wir das Zwischenergebnis wieder zusammen:
In der Geschichte des Europa-Begriffes war nun ein Punkt erreicht, wo einerseits fast alle von der Antike her bekannten Optionen vom Sinngehalt des Wortes eingelöst waren (bis auf den Aspekt der Freiheit), andererseits sich an ihm fast alle Facetten ausgeprägt hatten, die in der Zukunft bis heute das komplexe Begriffsfeld ausmachen sollten. Die Europa-Idee war als bewegende Idee installiert; mehr oder weniger vordergründig auf einen Defensivpakt gegen Bedrohung hin angelegt — womöglich auch in dieser Funktion als Triebkraft zur Einheit bei äußerer Gefahr von politischen Modellen antiker Denker geprägt.
In der wechselvollen Geschichte der folgenden Zeit, die unter der Spannung zwischen Unitarismus und Partikularismus stand, war die Europa-Idee fast programmatisches Leitbild. Die französische Revolution verlieh dem Begriff, indem sie ihre Maximen der Freiheit, Gleichheit, Brüderlichkeit assoziierte, eine zusätzliche Schubkraft und setzte seine Säkularisierung endgültig durch.[52]
Das Wort *Europa* bedeutete seitdem keine ausgesprochen religiös-christliche Konstellation mehr, es bekam eher eine — im weitesten Sinne des Wortes — sozialistische Note, die es auch unter Napoleon, dem ,,Regisseur Europas'' (Egon Friedell)[53] nicht mehr verlor. Seinem Europa-Streben lagen augenscheinlich zudem egoistisch-imperiale Motive zugrunde, gegen die sich andere Staaten des Kontinents zu wehren gezwungen sahen. *Europa* stellte sich von da an dar wie ein gewaltiger Körper, der unter dem Streit seiner Glieder zu leiden hatte.

---

51 Allerdings hatte Poděbrad den Namen *Europa* nicht verwendet, ,,obwohl sich seine Pläne ausschließlich mit Europa, der Heimat der Christenheit befaßten''. So ROUGEMONT, a. O., 67. In diesem Verfassungsentwurf sei nach SCHWITZKY (a. O., 9) ,,schon das Friedensprojekt in seiner ganzen Ausdehung auf alle christlichen Fürsten Europas enthalten''.
52 Ausführlicher dazu FOERSTER, a. O., 220 ff.
53 Kulturgeschichte der Neuzeit, Bd 2. — München 1976, 932 f.

2.2 Vom mythischen Bild zum politischen Symbol

Die Masse der Europa-Literatur, die seit der Zeit Napoleons für diesen Streit der Glieder Lösungen suchte, kann hier nicht weiter verfolgt werden;[54] für die untersuchte Thematik genügt es, die Entwicklungen anzudeuten, die eine bewußte Rückbindung an den antiken Mythos erkennen lassen. Denn daß diese Erinnerung auch später — über eine lange zeitliche Distanz hinweg — nicht verlorengegangen ist, zeigt die Tatsache, daß an irgendeinem Punkte der Geschichte die antike 'Europa auf dem Stier' zum Symbol für die verkündete Europa-Idee, geradezu zu ihrer programmatischen Chiffre wurde.

Das mythische Bild von 'Zeus und Europa' tauchte, mochte es auch am Ende der Antike noch so verwildert sein, ebenfalls aus den Wogen der Völkerwanderung wieder auf; auch dieses in gewandelter Form: *Europa* war quasi vom Wasser, durch das sie getragen wurde, getauft. Die phönikische Königstochter wurde sozusagen christianisiert, wie auch der Erdteil. Die christliche *Europa* stellte in der mittelalterlichen Allegorie des *Ovidius moralizatus* eines Petrus Berchorius (1342) den Weg der Seele zurück zu ihrem Ursprung dar. Spätere Abbildungen lassen diese neue Funktion von 'Europa und dem Stier' klar erkennen:[55]

Holzschnitt-Illustration, 15. Jh.　　　　　　　　　　　　Kupferstich, 15. Jh.

„Diese Jungfrau Europa versinnbildlicht die Seele . . . Jupiter ist der Sohn Gottes, der sich, um die Seele zu retten, in einen Stier verwandelte, was bedeutet, daß er körperliche Gestalt annahm".[56] Die so gedeutete *Europa* erhielt in vielfältigen Formen bildhafte Gestalt;[57] die antike Erzählung diente in solcher Interpretation der religiösen Erbauung und Belehrung. Dieses weithin, an den Kulturstätten des späten Mittelalters und der beginnenden Neuzeit oft sogar in Großaufnahme präsente Bild von *Europa* hatte, soweit bekannt, keinerlei Bezug zur christlich geprägten Europa-Politik der Herrscher. *Das christliche Europa* und *die christliche Europa* kannten sich im Mittelalter nicht. Das war auch nicht der Fall, als zur Zeit des Humanismus unzählige Illustrationen die mythischen Geschichten in den 'wiederentdeckten Quellen' optisch vergegenwärtigten und auch die *Europa*-Geschichte ins Bild brachten.[58] Der humanistische Geist eines Piccolomini, der das an die griechisch-römische Kultur gebundene *Europa* begeistert als *patria, domus propria, sedes nostra* apostrophierte, brachte, wie es scheint, die antike *Europa* mit der neuen Europa-Idee nicht zusammen. Auch dem Enthusiasten blieb damals offensichtlich dieses Bild-Erbe unbekannt oder uninteressant.

Es ist ungeklärt, wie diese Wiedererkennung zwischen d e r *Europa* mit d e m *Europa* im einzelnen letztendlich vor sich ging. Sie muß sich wohl über die Vorstellung, *Europa* sei ein frauliches Wesen, vollzogen haben; vielleicht wegen des Femininums der lateinischen *Europa* oder weil man die antike Gestalt *Europa*, die dem Erdteil einst den Namen gab, doch noch im Kopf hatte.

---

54 Vgl. dazu bes. ROUGEMONT, a. O., 69 ff.
55 Die Bilder sind entnommen aus: Mythos Europa. Europa und der Stier im Zeitalter der industriellen Zivilisation (hrsg. von SALZMANN, S.). — Hamburg 1988, 38 und 40.
56 So als Deutung des Petrus Berchorius zitiert bei ROUGEMONT, a. O., 22.
57 „Dem christologisch zentrierten Denken des Mittelalters entsprechend wurden die antiken Autoren im wesentlichen für theologische Belange in Dienst genommen." So WIEBEL, CH.: Mythos als Medium — Zur unterschiedlichen Deutbarkeit früherer Europa-Darstellungen. In: Mythos Europa, a. O., 38. Vgl. dazu auch BIERSCHENK, M.: Die Europa-Fabel in der Literatur und in bildlichen Darstellungen des Mittelalters. In: Die Verführung der Europa, a. O., 61 ff.
58 Vgl. dazu WIEBEL, a. O., 40 ff.

Ein Gemälde zeigt z.B. den Kontinent *Europa* als Königin:[59]

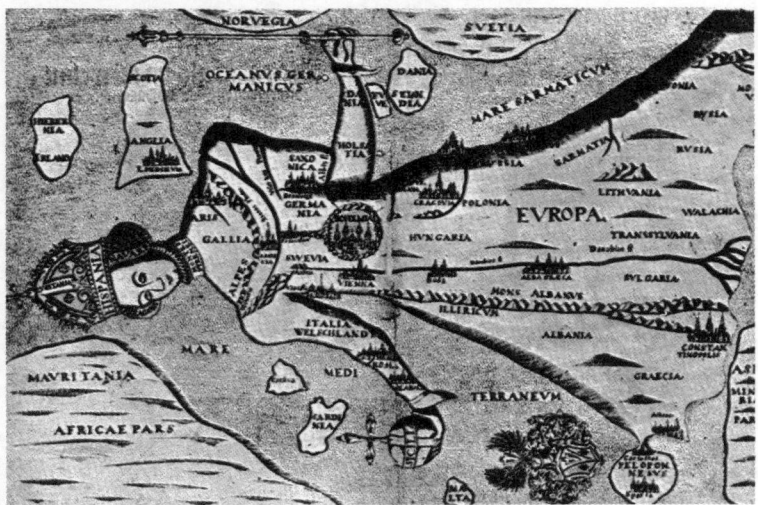

Hier ist ins Visuelle umgesetzt eine im 14. Jh. unter Karl IV. vorhandene Vorstellung, die die Zusammengehörigkeit der Länder des Kontinents mit Böhmen „als dem Herz der 'Frau Europa'"propagiert.[60] Auf diesem Bild, das wohl im 16. Jahrhundert entstanden ist, sind die Konturen Europas mit den Formen einer Frau zur Deckung gebracht. Der Erdteil ist hier, so scheint es, erstmals repersonifiziert. Das 'es' (*das Europa*) gewinnt bildhafte Gestalt, indem es auf eine 'sie' (vielleicht auf *die Europa*) bezogen wird. Zeichenhaft erscheint hier *Europa* als Ganzes bewußt gemacht, als ein lebendes Wesen, dessen Teile zu einem einheitlichen Körper gehören.

Eine Frau war zur Symbolgestalt für die Idee *Europa* geworden. Ob diese Vorstellung in der folgenden Zeit präsent blieb, ist unbekannt; es ist je-

---

59 Diese symbolische Karte ist erstmals nachweisbar in: BUNTING, H.: Itinerarium Sacrae scripturae. Das ist ein Reisebuch über die gantze heilige Schrift in zwey Bücher geteilt. — Helmstadt 1581; es ist auch enthalten in: MÜNSTER, S.: Cosmographia. — Basel 1588. Das Original des Bildes, eine zweiteilige Holzschnitttafel, die 1537 in Paris durch Wechelus verlegt wurde, befindet sich im Tiroler Landesmuseum Ferdinandeum. Diese Hinweise verdanke ich den Herren der Strachower Bibliothek in Prag, Dr. Karel Hündel und Vladimir Puček. Vgl. auch STRAHOVSKA KNIHOVNA.— Praha 1975, 263-265 mit Abb. 44-47.
Das Bild ist heute in Farbe zugänglich in: „Erinnern und Urteilen" — Unterrichtseinheiten Geschichte für Bayern, Heft 8. — Stuttgart (Klett), 75, unter dem Thema präsentiert: "Europa — Völker und Staaten — Glieder eines Körpers".
60 Hierzu und zum folgenden vgl. SEIBT, F.: Im Spannungsfeld des Kontinents: Böhmen und Prag. In: Merian: Prag. 2 / XXVII, 100 ff., bes. 104.

denfalls denkbar, daß man auch an eine solche Tradition anschloß, als in der zweiten Hälfte des 19. Jh.s eine Frau den Kontinent *Europa* zu symbolisieren begann. Dies geschah offenbar in Frankreich, das nach der Revolution die Idee der europäischen Einheit vorantrieb, und zwar in Form der politischen Karikatur.[61] Der Franzose Honorè Daumier, Begründer dieses Metiers, brachte als erster in bewußter Anlehnung an die früheren, damals christlichen Europa-Allegorien 1867 'Europa auf der Bombe' karikierend ins Bild;[62] damit war die Symbolisierung vollzogen; eine Frauengestalt als solche repräsentiert den Kontinent *Europa*; die Analogie der beiden hier nebeneinander gestellten Bilder *Europas* ist auffallend und für die Entwicklung des *Europa*-Symbols nicht ganz ohne Beweiskraft:

Daumier wollte hier die Gefährdung des eine Einheit bildenden Körpers *Europa* in der nachnapoleonischen Zeit (wie oben angedeutet) als Störung des Gleichgewichts drastisch verdeutlichen.
Der Rückgriff auf das mythische Vorbild war nicht viel später vollzogen, als z.B. 1884 in der Zeitschrift ,,Der wahre Jakob'' das Bild 'Europa und

---

61 ,,Politische Tagesereignisse bildeten seit dem 19. Jh. mehr als je zuvor die Basis für Europa-Karikaturen.'' So SALZMANN, S., in: Mythos Europa, a. O., 91. Vgl. dazu auch SOINÉ, K.: Mythos als Karikatur. Europa und der Stier in der politischen Karikatur des 19. und 20. Jh.s. In: Mythos Europa, a. O., 76 - 83.
62 Entnommen aus: Mythos Europa, a. O., 345; zugleich ist hier ein in der Humanistenzeit gestaltetes Bild ,,Die Fortuna auf der Kugel'' umgewandelt worden.

der Stier' das „Arme Europa" verkörpern mußte, das von dunklen Mächten der Revolution, der Anarchie und der Omladina (eines großserbischen Geheimbundes) bedroht wurde.⁶³

Das antike Bild wurde in einen besonderen Kontext gebracht und erhielt eine eigenwillige Figurenkonstellation. Dadurch wurde ihm eine politische Aussage gegeben. Die mythische *Europa* war nun endgültig politisiert; hier war die Vereinigung der politischen *Europa*-Idee und der mythologischen Figuration zu einem Bild-Symbol, zu einem Stichwort kultureller Kommunikation, vollzogen. Ein Element humanistischer Bildung war aktualisiert und blieb es von da an. Antike und Gegenwart hatten seitdem, wie es offenkundig ist, den ewigen Bund geschlossen; denn man kreierte in der Folgezeit bis heute eine schier ins Unendliche gehende Zahl von Europa-Bildern, zumeist in der Form von Karikaturen in den satirischen Zeitschriften (z.B. „Der wahre Jakob", „Kladderadatsch", Simplicissimus") oder in den Tages- und Wochenzeitungen, aber auch auf Plakaten und Gemälden.

---

63 Entnommen aus: Mythos Europa, 346 f.: hier eine umfassende Deutung der Karikatur.

Das Europa-Symbol stilisierte sich allmählich zu einem Aussage-Gestus, in dem sich, wie in der Entwicklung der Europa-Idee vorgezeichnet, Erwartungshaltung (sich bis zur Vision steigernd) und Bedrohungsgefühl (sich bis zur Propaganda umsetzend) wie die zwei Seiten einer Münze zueinander verhielten, wobei das Münzmaterial gewissermaßen mit dem Stoff von 'Befreiung' und 'Freiheit' legiert wurde, mit jenem Element, das, wie wir wissen, seit der Antike (Herodot!) keimhaft im Begriffsgehalt angelegt und seit der französischen Revolution dafür bestimmend war. Je nach Zeit und Autor konnte bald die eine Seite, bald die andere gezeigt werden, in stetiger Abwandlung, aber auch nicht ohne extreme Verzerrungen. Wie die Europa-Idee, so diente auch das dafür stehende Europa-Symbol als Mittel zur Steuerung der öffentlichen Meinung. Das antike Bild erfuhr eine neue Phase der Metamorphose, die bizarrste Momentaufnahmen der politischen Zeitgeschichte hervorbringen sollte. Der Kernbereich im Gebrauch dieser, sagen wir: Europa-Münze sei durch geeignete, aus der Masse ausgewählte Beispiele kurz angedeutet.

Den Freiheitsstoff des Symbols legt ein Plakat von 1927 offen,[64] das die mythische Figuration 'Europa und der Stier' als der Freiheitsstatue von Amerika gleichrangiges Einigungssymbol für *Europa* setzt, wobei als weitere antike Symbolfigur 'Ikarus' die Verbindung zwischen dem freien Amerika und dem freien *Europa* herstellt, die sich in politisch-kultureller Hinsicht ergeben soll: ,,Europa und Amerika werden sich eines Tages über den Ozean hinweg die Hände reichen zum Austausch ihrer Waren, Industrie und Kultur''.[65] Die Münze zeigt hier eindeutig die Seite der Erwartung.

---

64 Entnommen aus: Mythos Europa, 353.
65 Ebenda.

Als man 1913 das ,,Prosit Neujahr'' mit der Erwartung verband, daß der mächtige rote Stier mit Europa auf dem Rücken die drohende Kriegsgefahr bannen könnte, war der Freiheitsgedanke überdeckt von den Kriegsängsten; die ,,Solidarität der europäischen Sozialisten'',[66] welche das antike Bild symbolisierte, sollte davon befreien. Bedrohung (Krieg) und Erwartung (die sich entgegenstreckenden Hände der Masse) werden hier gleichermaßen evident.

Verkörperte hier der Stier in seiner Übergröße die auf den Kontinent zukommende Chance, den Frieden zu garantieren, so ist die Vorstellung in einer Karikatur von 1931 umgedreht. Der den Erdteil repräsentierende Stier erscheint in Leidenspose; er wird von dem aus dem Osten kommen-

den Bolschewismus mit tödlichen Stichen versehen — das deutet eine Gefährdung *Europas* von außen an, wie einst durch Perser, Araber, Hunnen und Türken, diesmal gewiß auch als Unterdrückung der Freiheit begriffen. Hier ist solche Bedrohung erstmals am politischen Symbol des antiken Mythos veranschaulicht.[67]

Der Stier ist der Gepeinigte, *Europa* die still Mitleidende.

---

66 Entnommen aus: Mythos Europa, 350 f.
67 Entnommen aus: Mythos Europa, 360 f.

Wieder anders gewendet ist die Funktion des Stiers in einem Simplicissimus-Bild von 1943: Er stellt die sowjetische Gefahr für *Europa* dar, was die Scheidung des mythischen Paares und die Zerstörung ihrer seit alters vorhandenen Harmonie zur Folge hat.[68]

Der feuerrote „Sowjetstier", abstoßend zerzaust und mager, trägt die blutig geschundene *Europa* auf seinem Rücken, wobei er brutal ihre Schulter mit seinem Horn durchbohrt hat, über brennende Dörfer und Städte hinweg, den Krieg in den Westen tragend.

Hier signalisiert die Karikatur eine Bedrohung des Lebensraumes, aber dahinter auch die Freiheit des Kontinents. „Er möchte Europa auf seinen Rücken nehmen — Aber so!" Dies der Bildkommentar. „So nicht!" — sollte wohl gedacht werden. Besser hätte es *Europa* auf dem nationalsozialistischen Stier. Die Idee ist hier offensichtlich gespalten: *Europa* ist — man begreift dies nur im Kontrast zur antiken Vorlage — nicht die Liebende, sondern die Leidende. Die Propaganda des Nationalsozialismus riß die tradierte Bildkonstellation auseinander, sie manipulierte Idee und Symbol *Europa*, indem sie den Bedrohungsgestus und indirekt den dadurch ausgelösten Einigungsappell aller Germanen gegen die „Untermenschen" auf ihre nationalistischen Absichten umbog.

Die europäische Ost-West-Spannung, deren Aufbau sich in diesem Bild bereits zu spiegeln beginnt, wird nach dem Krieg noch viel stärker am Europa-Symbol festge-

---

68 Entnommen aus: Mythos Europa, 380 f.

macht. In einem als Entwurf für ein Berliner Fresco gedachten Bild „Europa auf dem Stier" (1976)⁶⁹ ist das mythische Paar auf einem schmalen Grat, nämlich „auf der Mauer balancierend", gezeigt — Chiffre für die Konfrontation zwischen Unterdrückung und Freiheit, zugleich für den waghalsigen Akt einer Europa-Politik, die „das Gleichgewicht des Schreckens" zwischen zwei politischen Systemen zu erhalten versucht. *Europa* als Symbol sucht schwankend die Balance über der Schnittstelle, die *Europa* als Kontinent zerteilt, als wollte ihre prägende Kraft die beiden Hälften zusammenhalten — eine Funktion, die das Bildmotiv bis dahin nicht hatte.

Diese neu im Bild erfaßte Spannung, die *Europa* zwischen den Machtblöcken aushält, dreht sich bei fortschreitender Entspannung zur witzigen Pointe um. *Europa* wird beiderseits, von Ost und West umworben, geradezu liebkost: "Follow me, darling".⁷⁰

Die Karikatur gewinnt jedoch auch da ihre Wirkung nicht nur aus der antik-erotisierten Atmosphäre, sondern aus dem Bedrohungsgestus (s. Bär) und der Freiheitsthematik (s. Leine), die im Hintergrund präsent sind.

---

69 Entnommen aus: Mythos Europa, 308 f.
70 Entnommen aus: KEULEN, Neues aus der Antike, S. 3.

Die Entspannung der Ost-West-Politik verwandelt dort, wo sie in Euphorie gefeiert wird, die ins Bild gefaßte Situation extrem. *Europa* sitzt nicht mehr, wie im Mythos, auf dem Tier; sie steht zwischen dem amouröslustigen russischen Bären und dem friedlich daliegenden US-Stier, dessen Blicke Eifersucht sprühen. Die Konfrontation der Supermächte in *Europa* ist in ein konkurrierendes Liebeswerben um *Europa* umgeschlagen. Je mehr sich die Bildkonzeption dem antiken Vorbild entfremdet, desto grotesker erscheint die Situation, die damit karikiert wird.[71]

Wenn es stimmt, daß Karikatur die Wirklichkeit von hinten beleuchtet, dann zeigt sich uns im karikierenden Zerrspiegel des Europa-Symbols eine denkwürdige Entwicklung der Europa-Idee: Je mehr sich die Spannung von *Europa* nach außen (Ost-West) löste, desto stärker verinnerlichte sie sich gewissermaßen. Dabei knüpfte sie an eine bekannte Tradition an, da die Idee des Ganzen mit den Egoismen der Teile erneut in Konflikt geriet, nun mit der eindeutigen Präferenz der wirtschaftlichen und marktpolitischen Thematik: Maut-Zoll, Fischereistreit, Milchpreis, Getreidepreis, Schweinepreis (der *Europa* im wahrsten Sinne des Wortes zur Sau machte: ,,O Zeus, waren das Zeiten, als du noch ein Stier warst!'').[72]
Je näher über die Vorstufen der markt- und geldwirtschaftlichen Regelungen die Einheit *Europas* kommt, je näher also der Zeitpunkt bevorsteht, wo *das Europa* als Kontinent von der formenden Kraft der Idee voll erfaßt wird, umso intensiver übernimmt *die Europa* als Symbol die karikie-

---

71 Diese Karikatur ist mir von einer österreichischen Kollegin zugeschickt worden.
72 Man vgl. etwa die bei KEULEN, a. O., 1-17, abgedruckten Beispiele.

rende Kennzeichnung dieses Vorgangs, wobei man geradezu verwegenfrei mit der im antiken Mythos vorgezeichneten Konstellation umgeht. Die Wahl des Europaparlaments, des bislang wichtigsten Elements in der Konkretisierung der Europa-Idee, war der gegebene Anlaß.

Eine Karikatur von 1989 zeigt, wie sich Zeus und Europa wie Stier und Torero frontal im Kampf gegenüberstehen; wieder ist das antike Bild gesplittet, die Harmonie zwischen Tier und Mensch aufgegeben. Statt der

erotisch-lüsternen Pose des antiken Vorbilds nun der Fight zwischen der streitbaren Lady und dem zu Karl Marx profilierten Stier. ,,Eher kill' ich ihn — bevor ich ihn besteige . . .'', so die Kampfparole der Europa-Thatcher.[73]

Der Bedrohungsgestus ist augenfällig, nur ist die Situation total verdreht, insofern die Gefahr nun vom Körper *Europa* selbst auf ein Glied auszugehen scheint, das sich als Repräsentant des Ganzen versteht: von Großbritannien aus wähnt man die Freiheit *Europas* durch den Sozialismus bedroht — eine Schattierung des Europa-Bildes, die schon einmal am mythischen Symbol hervorgetreten war.

Die alte marxistische Maxime ,,Proletarier aller Länder, vereinigt euch!'' argwöhnt man hinter der aktuellen Einigungsabsicht. Und in der Tat hat sich diese gefühlsmäßige Assoziation auch in Bild und Text am Europa-Symbol vergegenwärtigt. Auf *Europas* Fahne steht: ,,Europäer aller Länder, vereinigt Euch!''[74]

73 Karikatur in der SZ, anläßlich der Europawahl 1989.
74 Karikatur in der SZ, anläßlich der Europawahl 1989.

Dieser Appell an *Europas* Länder steht heute am vorläufigen Ende der Geschichte; er findet weithin Gehör. Die alte, schwerhörige Dame auf dem Rücken des mißmutig dahintrottenden Ochsen, womit wir unseren Bericht begonnen haben, hat eine neue Vitalität bekommen — wie die jüngste Karikatur in der AZ München (1989) zeigt: sie deutet die Sorge an, der ,,Umweltschutz à la Europa'' könnte dem wieder jung gewordenen Paar ,,Europa und der Stier'' mißraten.

Solche Wandlung ist nicht sensationell; der fast dreitausendjährige Weg *Europas* durch die Geschichte ist ja von Niedergängen und Renaissancen gekennzeichnet. Der antike Kern blieb gewahrt, so kräftig wirkend, daß er — in später Zeit freilich — wie ein Magnet das lange Getrennte, den geographischen Begriff und das mythische Bild, wieder zu einer Einheit zusammenzog. Die allmählich wachsende europäische Idee erhielt dadurch ihre plastische visuelle Ausformung: ihr Symbol. Der römische Dichter Ovid ist auch daran ganz sicher nicht unschuldig gewesen; sein Text blieb ja bekannt. Zugleich aber ist offenkundig geworden, daß sich um den antiken Kern des *Europa*-Bildes jeweils wechselnde unterschiedliche Ringe legten, quasi als historische 'Zutaten', die dem Phänomen eine spezifische: kaiserliche, christliche, sozialistische o.ä. Prägung gaben. Das Symbol von *Europa* stellt immer auch einen Spiegel der Zeit dar.

So verweist das Stichwort „Rettet den Wald" über dem eingangs gezeigten *Europa*-Symbol auf seinen Bedrohungsgestus, der ihm zwar schon seit langem anhaftet, heute aber eine bisher nie und nirgends so erkennbare Dimension bekommen hat. Das Symbol signalisiert jedoch keine Bedrohung mehr von außen, etwa von 'barbarischen' Persern, Mauren, Hunnen oder Türken; es macht vielmehr auf eine Gefährdung aufmerksam, die von innen kommt, von den Bewohnern *Europas* selbst. Das ist das Signum unserer Zeit, sozusagen die aktuelle Zutat. Auf dem Spiel steht heute nicht mehr die göttlich legitimierte Herrschaft eines Kaisers, nicht die Heilsordnung des Christentums oder das Imperium eines kriegsmächtigen Fürsten; es geht schlechterdings um die Möglichkeit aller Europäer zu leben. Solche Bedrohung beseitigt nicht momentanes Schlachtenglück bei Salamis, Tours und Poitier, auf dem Lechfeld oder auf dem Kahlenberg; sie verschwindet allein durch den Prozeß eines inneren Wandels, der die Einstellung der Menschen zur europäischen Umwelt erfaßt; das verlangt Einsicht, Vernunft, Verantwortung. Damit dreht sich die Münze *Europa* auf ihre Kehrseite, die den Erwartungsgestus zeigt, der gleichfalls, wie wir wissen, dem Symbol seit langem zugewachsen ist.

Dem Bildsymbol *Europa* hat sich heute eine Metapher beigesellt, die — fast schon zum Schlagwort geworden — eine ähnliche Symbolkraft entfaltet: *das gemeinsame Europäische Haus.* Auch dieser bildhafte Ausdruck ist nicht neu; er schließt an eine lange Tradition an, die zumindest seit Piccolominis *Europa* ~ *domus propria* besteht. Alles an Begriff und Idee *Europa* sowie deren sprachlicher oder bildlicher Vergegenwärtigung hat, wie zu erkennen ist, geschichtliche Tiefe.

Auch die Wirklichkeit, in die sich heute die Idee *Europa* umsetzt, hat tiefliegende historische Wurzeln; vieles deutet darauf hin — zumal nach der historischen Wende des Jahres 1989 —, daß dieses *gemeinsame Europäische Haus,* das gerade erbaut wird, einmal eine Ausdehnung bis an die seit der Antike bestehenden Grenzen haben wird und daß in seinem Inneren die beiden schon in der Antike am *Europa*-Begriff nachweisbaren Prinzipien ihre prägende Kraft entfalten: ἐλευθερία (Freiheit) und σοφία (Weisheit und Kultur).

Solche Zuversicht gewinnt, wer in den Spiegel der Vergangenheit schaut, also die Gegenwart mit der Geschichte verbindet. Das „Erinnern", wozu der Dichterin Dagmar Nick das Ereignis *Europa* Anlaß gibt, führt auch zu der Einsicht, daß ein künftiges *Europa* fern dem „Theaterdonner" und „Dynamit" durchaus auch „geheuer" sein könnte.

Quo vadis, Europa? Diese Frage erregt dann weniger Skepsis, wenn man — zumindest in Umrissen — Bescheid weiß auf die andere Frage: *Unde venisti, Europa?*

Das vorläufige Ende von *Europas* Gang durch die Zeiten ist mittlerweile um ein Kapitel erweitert. Die historische Wende des Jahres 1989 rückte urplötzlich und fast alles andere überdeckend die Einheit Deutschlands ins Zentrum des europäischen Einigungsprozesses. Die Mauer als das Symbol der Trennung zwischen Ost und West fiel. Ob und wie sich diese neue Dynamik der Europa-Idee auch in dem dafür zuständigen Bild-Zeichen manifestierte, wurde zur spannenden Frage, deren Lösung nicht lange auf sich warten ließ. Die bildhafte Dokumentation dieses Prozesses im Frühjahr 1990 war folgerichtig; auch hier kehrten sich die beiden Seiten der Medaille mehr oder weniger deutlich hervor: der Erwartungs- und der Bedrohungsgestus, diesmal konzentriert eben auf den Aspekt 'Deutschland in Europa':

Die Innensicht:
Der deutsche Bundeskanzler präsentiert den Europa-Stier mit den beiden friedlich vereinten deutschen Micheln auf dem Rücken, in der Erwartung, er könne — als der große Mann — eine *Europa* fördernde Tat vollziehen, die das Mißtrauen der skeptisch konspirierenden Siegermächte beseitigt.

Süddeutsche Zeitung

Die Außensicht:
Die massig gewordene *Europa* sitzt übermächtig im Germania-Look auf dem Stier, der unter ihrer Last fast zerdrückt wird. Die vier Siegermächte stehen starr vor Staunen um dieses Ereignis herum. ,,Ein deutsches Europa?" (so die Legende). Das ist die beängstigende Frage.

Wiener Kurier

Zusammenstellung der verwendeten Literatur

BIERSCHENK, M.: Die Europa-Fabel in der Literatur und in bildlichen Darstellungen des Mittelalters. In: Die Verführung der Europa. — Frankfurt/Berlin 1988, 61-75.

BÜHLER, W.: Europa — Ein Überblick über die Zeugnisse des Mythos in der antiken Literatur und Kunst. — München 1968.

ders.: Die Europa des Moschos. Text, Übersetzung und Kommentar. — Wiesbaden 1960.

ders.: Europa II (mythologisch). In: REAC, Bd. 6, Sp. 980 - 985.

FISCHER, J.: Oriens — Occidens — Europa. Begriff und Gedanke. "Europa" in der späten Antike und im frühen Mittelalter. — Wiesbaden 1957.

FOERSTER, R.H.: Europa. Geschichte einer politischen Idee. — München 1967.

FRIEDELL, E.: Kulturgeschichte der Neuzeit, Bd. 2. — München 1976.

FUHRMANN, M.: Europa. Zur Geschichte einer kulturellen und politischen Idee. — Konstanz 1986.

HOLZBERG, N.: Einführung. In: Ovid. Metamorphosen. — München/Zürich 1988, 713 - 734.

KEULEN, H.: Neues aus der alten Welt. — Langenfeld 1986.

Lexikon der antiken Welt — Zürich/Stuttgart 1965.

LOBKOWICZ, N.: Die Wurzeln der europäischen Kultur. — München 1987 (Vortragsreihe der Elisabeth J. Saal-Stiftung).

MAIER, F.: Der σοφός-Begriff. Zur Bedeutung, Wertung und Rolle des Begriffs von Homer bis Euripides. — München 1970.

MOMIGLIANO, A.: Europa als politischer Begriff bei Isokrates und den Isokrateern. In: SECK, F. (Hrsg.) Isokrates. — Darmstadt (WdF) 1978.

PFLIGGERSDORFER, G.: Europa I (geographisch). In: REAC, Bd. 6, Sp. 963 - 980.

REYNOLD, G. de: La formation de l'Europe. — Paris 1937.

ROUGEMONT, D. de: Europa. Vom Mythos zur Wirklichkeit. — München 1962.

SALZMANN, S. (Hrsg.): Mythos Europa. Europa und der Stier im Zeitalter der industriellen Zivilisation. — Hamburg 1988.

SCHWITZKY, E.: Der europäische Fürstenbund Georgs von Poděbrad. — Diss. Leipzig 1907.

SEIBT, F.: Im Spannungsfeld des Kontinents: Böhmen und Prag. In: Merian: Prag 2/XXVII.

SOINÉ, K.: Mythos als Karikatur. Europa und der Stier in der politischen Karikatur des 19. und 20. Jahrhunderts. In: Mythos Europa. — Hamburg 1988, 76-83.

SUERBAUM, W.: Vom antiken zum frühmittelalterlichen Staatsbegriff. — Münster 1970.

WIEBEL, CH.: Mythos als Medium — Zur unterschiedlichen Deutbarkeit früherer Europa-Darstellungen. In: Mythos Europa. — Hamburg 1988, 38-55.

Zur Person des Autors:

Dr. phil. Friedrich Maier, geb. 1935. Oberstudiendirektor an der Universität München.
Vorsitzender des Landesverbandes Bayern im Deutschen Altphilologenverband (zugleich Fachgruppe Alte Sprachen im Bayerischen Philologenverband).
Stv. Vorsitzender des Deutschen Altphilologenverbandes, Mitglied des Bildungsbeirats des Bayerischen Philologenverbandes und des Vorstands der Elisabeth-J.-Saal-Stiftung zur Förderung der Humanistischen Bildung in Bayern.

Arbeitsgebiete:
Didaktik und Methodik der Alten Sprachen, zeitgemäße Vermittlung von Sprache und Literatur der Antike am Gymnasium, Fragen der Humanistischen Bildung und der Gymnasialpädagogik.

Meinem Freund Studiendirektor i.R. Hans Schober, München, bin ich zu großem Dank verpflichtet für das Mitlesen der Korrekturen und für manche hilfreiche Anmerkung.